14962

LE QUINZE AOUT,

PAR

BARTHÉLEMY.

PARIS.

TYPOGRAPHIE PLON FRÈRES,

36, RUE DE VAUGIRARD

MDCCCLII

LE QUINZE AOUT,

PAR

BARTHÉLEMY.

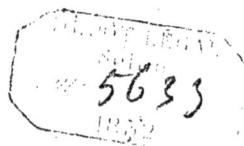

PARIS.

TYPOGRAPHIE PLON FRÈRES,

36, RUE DE VAUGIRARD.

—

MDCCCLII

LE QUINZE AOUT.

On a trop remué de dates cinéraires,
De sanglants souvenirs qui divisent les frères ;
L'almanach politique, effervescent recueil,
N'a que trop pavoisé des époques de deuil.
C'est peu d'avoir rayé le jour qui coïncide
Au quatorze Juillet, au billot régicide,
Laissons l'autre juillet et l'impur février
S'affaisser à leur tour dans le calendrier.
Ils ne surgiront plus ; notre instinct les repousse ;
Et, de ces jours que marque une forte secousse,
Sans même en excepter, par suprême faveur,
L'immense DEUX DÉCEMBRE, inattendu sauveur ;
Le seul qui n'offre au peuple aucun éclat funèbre,
Le jour de l'Empereur est le seul qu'on célèbre.

Un décret sage ainsi le veut; non qu'aujourd'hui
L'homme fort où la France a trouvé son appui
Veuille destituer, comme non méritoire,
Tout culte qu'on dérobe au Dieu de notre histoire,
Ni que son népotisme, ouvrant un Panthéon,
Songe à ne le remplir que de Napoléon;
Mais parce que ce nom, grand, magique, sonore,
Résume, à lui tout seul, l'hégire tricolore;
Que dans l'esprit du peuple il s'est accrédité
Comme un emblème d'ordre et de fécondité;
Qu'il jette aux factions, dans leur sombre folie,
Un nœud qui les comprime et les réconcilie;
Parce qu'il dit à ceux qui sont autour de nous :
La France ne sera jamais à vos genoux;
Parce qu'il porte en lui toute haute pensée
De nation virile, héroïque, avancée,
La juste liberté, l'égalité des droits,
Le rajeunissement des peuples et des rois,
L'élan vers tout progrès, vers toute noble issue,
Parce qu'il garantit l'œuvre à tout bras qui sue,
Au villageois son champ, sa moisson, son troupeau,
Au prêtre son autel, au soldat son drapeau;
Parce qu'il ouvre aux arts les grands laboratoires;
Parce qu'il symbolise un faisceau de victoires;

Parce que, depuis l'âge où, par la France élus,
Montaient sur le pavois les princes chevelus,
C'est le seul, dans la vieille et dans la nouvelle ère,
Qui fut intronisé par la voix populaire,
Au faîte du pouvoir le seul qui soit monté
Par une universelle et libre volonté;
Parce qu'enfin (il faut que ma bouche l'intime
Aux vieux adorateurs du pouvoir légitime,
Qui font un si grand titre à certains prétendants
De tant de nullités qu'ils ont pour ascendants),
Puisque l'homme sacré par nos apothéoses,
A fait plus, en quinze ans, d'éblouissantes choses,
Que n'en peuvent offrir, en cousant leurs exploits,
Mille ans de Capétiens, de Bourbons, de Valois,
D'un empire si court tant de gloires sorties
Lui donnent mêmes droits qu'aux vieilles dynasties,
Et qu'ainsi ce seul règne, à quinze ans limité,
Balance au moins mille ans de légitimité.

Il nous reparaît donc, il remonte à sa place,
Cet Empereur, ce chef de la nouvelle race;
Du dôme qui le couvre il se réveille, il sort :
O mystère sans fond des volontés du sort !

Contraste énigmatique! Antithèse profonde!

O rebondissement des chutes de ce monde!

Celui que renversa le bloc des nations;

Celui qu'ont escorté nos désolations,

Alors qu'on le traînait par des cités impies;

Cerné par des bourreaux, hué par des harpies;

Celui qui fut déchu, qui s'entendit bannir,

Lui, sa race vivante et sa race à venir;

Celui qui vit salir par des fureurs brutales

Ses aigles dont le cri troublait les capitales,

Dont la serre portait des tonnerres fumants,

Dont l'œil de feu planait sur tous nos monuments;

Qui vit par un cheval ignoblement portée

L'étoile de l'honneur qu'il avait inventée,

Et des Français, mêlés aux hordes de Moscou,

Secouant sa statue avec la corde au cou;

Le voilà restauré dans sa forme première,

Ceint de son auréole, habillé de lumière.

La France, qui n'est point la terre des ingrats,

A tous les Bonaparte a rouvert ses deux bras.

Ses aigles, si longtemps dans l'ouragan perdues,

Aux drapeaux consolés viennent d'être rendues,

Par un Napoléon, au même Champ-de-Mars

Où lui-même en couvrit ses derniers étendards.

Son nom rend des décrets comme aux jours de l'Empire.

Sa croix, par qui le sein plus noblement respire,

Retrouve pour grand maître un digne successeur

Qui lui donne une jeune et soldatesque sœur.

Partout, entre les flots d'une foule idolâtre,

Resplendit sa figure, en bronze, en marbre, en plâtre;

Partout glorifié plus qu'un simple mortel,

Au lieu d'un piédestal il rencontre un autel.

Qui l'eût dit? Qui pouvait pressentir ce prodige?

Sans doute, au fond des cœurs qu'un vague instinct dirige,

Dans la bouche du peuple, encor tout palpitants,

Ses souvenirs vivaient après plus de trente ans;

Sans doute, parmi ceux qu'avait grandis sa gloire,

Quelques-uns, fondateurs d'un culte expiatoire,

Au jour de sa naissance, unissant leurs douleurs,

A sa poussière absente adressaient quelques fleurs,

Lui jetaient les soupirs de ses vieux frères d'armes;

Mais nul rayon d'espoir ne traversait leurs larmes;

Celui qu'ils entouraient d'hommages si fervents

Était pour eux un mythe étranger aux vivants;

Leur culte s'attachait à des temps de féerie,

Comme on embrasse, en songe, une ombre encor chérie,

Sans croire, en s'éveillant, que ce jouet de l'air
Cesse d'être impalpable et rentre dans sa chair.
Un homme seul, doué de la seconde vue
Dont la paupière humaine est rarement pourvue,
Dans l'obscur avenir plongeait des yeux certains.
Pendant ses jours, battus par de mauvais destins,
Lors même que le sort trompa son espérance,
Sous le ciel azuré de Rome et de Florence,
Sur le sol des Germains, dans les brouillards anglais,
Promenant ses ennuis de relais en relais,
Ni l'exil, qui semblait ne pas avoir de terme,
Ni la prison, fatale à l'âme la plus ferme,
Rien ne put refroidir son invincible appui,
L'inextinguible foi qu'il portait avec lui.
Une puissante voix, de lui seul entendue,
Montant d'un catafalque ou du ciel descendue,
Lui prédisait toujours le renouvellement
De ce qui nous semblait être éternellement.
Dans l'espace lui seul voyait planer un homme;
Lui seul, et contre tous, politique astronome,
Après sa longue ellipse, annonçait le retour
De l'astre impérial qui rayonne en ce jour.

Ah! s'il sort des caveaux où, non loin de sa cendre,

Le loyal Excelmans vient aussi de descendre,

Que ne voit-il comment la suprême cité

Fête son Empereur qu'elle a ressuscité!

Même au point culminant de sa toute-puissance,

Quand, pour solenniser l'ère de sa naissance,

La grande Babylone allumait dans ses murs

Tant d'astres, que le ciel trouvait les siens obscurs,

Et que LUI, pour payer sa fête obligatoire,

Lui donnait en échange un trône, une victoire;

Non, jamais on ne vit jaillir d'élans pareils,

Jamais nuit du quinze août ne vit tant de soleils.

Quelle nuit! un immense et joyeux incendie:

Tour à tour verticale, anguleuse, arrondie,

La lumière scintille en jets capricieux;

Elle sort de la terre, elle tombe des cieux,

Elle remonte en gerbe aux voûtes sidérales.

D'innombrables flambeaux, hydrogènes spirales,

De la grande colonne illuminent l'airain,

Jusque sous l'éperon de l'homme souverain.

Lui-même, ailleurs, se montre au front de ses armées,

Foulant du Saint-Bernard les neiges enflammées.

Aux bois élyséens où, par deux longs courants,

L'incandescente lave épanche ses torrents,

Sa colossale image, aux formes si connues,
Se détache, isolée, entre six avenues;
Et, de l'arc triomphal dominant la hauteur,
Le conquérant de l'air, l'oiseau fulgurateur,
Prêt à prendre son vol, crispant sa double serre,
Étincelant d'éclairs, précurseurs du tonnerre,
Son aigle à qui l'Europe ouvrit tous ses chemins,
Cet aigle emblématique emprunté des Romains
Et signalé par eux pour le plus noble augure,
Déroule sur Paris son immense envergure.

Mais pour lui quel tableau plus saisissant encor,
Lui qui voulait couvrir Paris de lames d'or,
S'il pouvait contempler tout ce qu'en son absence
Sa métropole a pris de luxe et de croissance !
Des temples, des bazars, des hospices nouveaux,
Des boulevards pliés sous les mêmes niveaux;
L'asphalte succédant aux fangeuses ornières;
De splendides hôtels où rampaient des tanières;
La caduque Cité dont les quartiers lépreux
Respirent le soleil qui tombe enfin sur eux;
Le Carrousel purgé de ses vieilles scories;
Le Louvre qui se lève et marche aux Tuileries,

Et cette immensité de travaux opulents
Dont sa grande pensée avait conçu les plans.

Que dirait-il, surtout, en touchant des merveilles
Qu'il n'avait même pu soupçonner dans ses veilles?
Lui qui, rapportant tout au peuple, en ses desseins,
Attachait tant de gloire à creuser des bassins,
A suspendre des ponts, à découper des routes,
A refaire Hannibal sur les Alpes dissoutes,
A vaincre la nature, à planter son jalon
Sur Anvers, sur Cherbourg, sur les rocs du Simplon ;
Lui qui trouvait toujours nos efforts trop timides ;
Lui dont la tête était pleine des Pyramides ;
Lui géant, qui voulait des œuvres de géants ;
Comme ses yeux d'azur s'arrêteraient béants,
Comme son large front rayonnerait d'extase
Devant l'ordre à venir dont nous posons la base,
Devant cette Vapeur, illimité pouvoir,
Que, plongé dans la guerre, il ne fit qu'entrevoir !
Ah ! si cette puissance, encore incalculée,
Durant sa longue lutte, eût été révélée ;
Si, comme auxiliaire à ses coups surhumains,
Cette arme formidable eût passé dans ses mains ;

Qui pourrait le nier ? le monde politique

Eût peut-être tourné sous une autre écliptique ;

Peut-être ce qui fut n'aurait jamais été :

Waterloo, jour de gloire et de calamité,

N'eût pas éternisé sa chute volcanique ;

Au lieu d'aller s'asseoir au foyer britannique,

Qui lui donna pour siége, exclu du monde ancien,

Un roc où Prométhée eût regretté le sien,

Entre nos bras aimés il eût repris haleine ;

On ne frémirait pas au nom de Sainte-Hélène ;

Qui sait même ? La France, exempte de revers,

Verrait encor régner ses quatre-vingts hivers,

Et dans un long repos de paix sans intermède,

Avec cette Vapeur, vrai levier d'Archimède,

Son bras eût accompli ces merveilleux travaux

Qui convoquent le monde à des destins nouveaux.

Du centre de la France aux frontières lointaines,

De sa tête à ses pieds il eût créé ces veines,

Ces artères sans nombre où circulent des feux,

Où le pouls se révèle en bonds tumultueux.

On l'eût vu, le premier, sur ce tremplin magique,

Qui lance, en un clin d'œil, Paris dans la Belgique,

Il eût inauguré l'industrieux ruban

Dont un bout va bientôt tremper dans l'Océan,

Et son voisin du Sud, dont la longue traînée

Doit joindre à l'Océan la Méditerranée.

Il eût quitté Paris pour servir de parrain

Au glorieux rail-way baptisé dans le Rhin ;

Il aurait traversé les villes de l'Alsace,

Étreint par tout un peuple accouru sur sa trace,

Entre de verts chemins bordés des trois couleurs,

Assourdi de houras, écrasé par les fleurs,

Béni par les saluts des vivantes croisées,

Et serait revenu par les Champs-Élysées,

Fendant les airs, traîné par des chevaux de feu,

Sur le char triomphal qui porta son neveu !

Prince ! il n'est plus permis de conserver un doute ;

Votre point de départ révèle votre route,

Et nos yeux sont assez vigilants pour prévoir

L'avenir qui suivra ces neuf mois de pouvoir.

Celui dont le destin vous fit le légataire,

Dont vous portez le nom, le plus beau de la terre,

Celui qui nous nommait *la grande nation* *,

L'homme en qui *s'incarna la Révolution*,

---

* Tous les mots en italique sont des expressions de l'Empereur.

L'homme-peuple, a transmis sa pensée en votre âme;

Son testament de mort contient votre programme.

Avant de disparaître au gouffre où tout s'enfuit,

De laisser en mourant le monde dans la nuit,

Que de fois, sous sa tente, aux clartés de la lune,

Avec les courtisans de sa haute infortune;

Que de fois, dans leur sein épanchant ses secrets,

Sa tristesse sublime exprima les regrets

De les quitter sitôt, de la brève étendue

D'une vie, emportant son œuvre suspendue,

De ne pas accomplir son règne tout entier,

De ne pouvoir, lui-même, être son héritier !

Alors il déroulait le tranquille mirage

De son second empire et de son dernier âge :

Libre enfin, déposant le politique faix,

Il serait devenu *l'empereur de la paix,*

Un *Messie,* appelant le monde à sa croyance,

Une *arche de l'ancienne et nouvelle alliance;*

Il aurait détendu le frein régulateur

Qu'à la liberté forte il mit, avec douleur;

Il eût fait de la France une active patrie,

Une ruche des arts, de la haute industrie;

Il eût vivifié la plus humble maison,

Sous les abeilles d'or qui semaient son blason.

Oui, Prince ! tels étaient ses regrets prophétiques.

D'autres ont recueilli ses terrestres reliques,

Sa croix, ses vêtements, ses armes, ses cheveux ;

Vous, son dernier soupir chargé de tant de vœux.

C'est à vous de nous rendre, à la tombe ravie

La seconde moitié d'une si belle vie,

D'être, non son rival de gloire et de hauteur,

Mais, titre non moins beau, son continuateur.

Vous avez accepté, Prince ! cet héritage ;

Chaque jour qui s'écoule est pour nous un otage ;

Marchez vers l'avenir qui monte à l'horizon ;

Des principes sacrés que posa la raison

Soyez en même temps le soldat et l'apôtre ;

Conservez d'une main, renouvelez de l'autre.

Quand la Démocratie, aux remous écumants,

Envahit notre sol de ses débordements,

Il serait au-dessus de toute force humaine

De barrer son passage : il lui faut un domaine ;

Qui sait aux temps futurs tout ce que nous léguons ?

Ses éléments ignés sont brûlants, mais féconds ;

Dès que leur feu s'éteint, leur puissante nature

De l'ordre social durcit l'architecture ;

Ainsi que Naples change en monuments hardis

Les flots vésuviens, quand ils sont refroidis.

Prince! donnez-leur place au nouvel édifice;

Organisez, réglez l'œuvre réparatrice;

Au milieu d'un repos qui promet de longs ans,

Semez une moisson de progrès bienfaisants:

Que le nœud qui nous lie encor plus se resserre;

Et qu'à chaque retour de cet anniversaire,

A sa plus chère idole heureux de vous unir,

Le peuple fête en vous le flagrant souvenir

D'un désordre aboli, de quelque loi féconde,

D'un meilleur équilibre aux fortunes du monde,

D'un généreux pardon descendu sur l'erreur

D'un de ces grands bienfaits que rêva l'Empereur.

PARIS. TYPOGRAPHIE PLON FRÈRES, RUE DE VAUGIRARD, 36.